奎文萃珍

石橋五百尊羅漢像

下册

［清］佚名 輯

文物出版社

第二百五十淨菩提尊者

第二百五十一梵音天尊者

第二百五十二国地果尊者

第二百五十三覺性解尊者

第二百五十四精進山尊者

第二百五十五無量光尊者

第二百五十六不動意尊者

第二百五十七脩善業尊者

第二百五十八阿逸多尊者

第二百五十九孫陀羅尊者

第二百六十聖峯慧尊者

第二百六十一男妹行尊者

第二百六十二阿利多尊者

第二百六十三法輪山尊者

第二百六十四衆和合尊者

第二百六十五法無住尊者

第二百六十六天鼓聲尊者

第二百六十七如意輪尊者

第二百六十八普光熠尊者

第二百六十九無比校尊者

第二百七十多伽樓尊者

第二百七十一利婆多尊者

第二百七十二普賢行尊者

第二百七十三持三昧尊者

第二百七十四威德轂尊者

第二百七十五利婆多尊者

第二百七十六名無盡尊者

第二百七十七阿那悉尊者

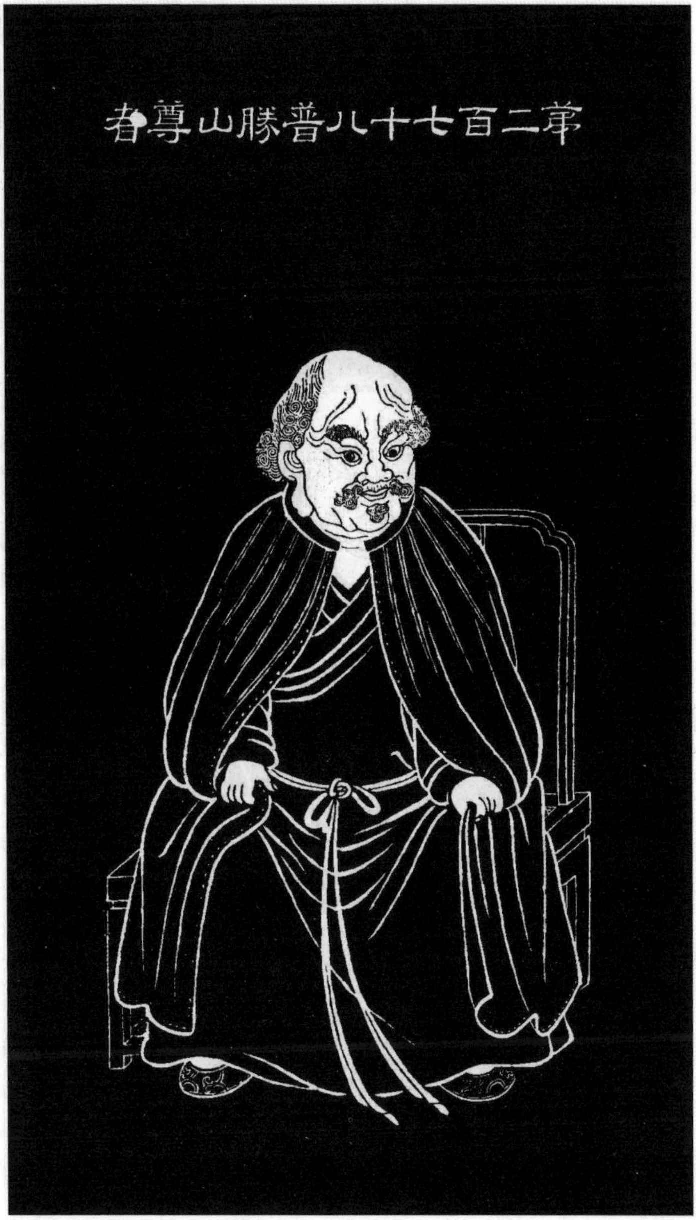
第二百七十八普勝山尊者

第二百七十九辨中王尊者

第二百八十行化國尊者

第二百八十一殼龍種尊者

第二百八十二擔南山尊者

第二百八十三富伽耶尊者

第二百八十四行傳法尊者

第二百八十五香金手尊者

第二百八十六摩拏羅尊者

第二百八十七光普現尊者

第二百八十八慧係王尊者

第二百八十九降魔軍尊者

第二百九十普熠光尊者

第二百九十一持大醫尊者

第二百九十二藏律行尊者

第二百九十三德自在尊者

第二百九十四服龍王尊者

第二百九十五闍夜多尊者

第二百九十六秦摩利尊者

第二百九十七義法勝尊者

第二百九十八施婆羅尊者

第二百九十九闍提覓尊者

第三百王住道尊者

第三百一無垢行尊者

第三百二阿婆羅尊者

第三百三散皈依尊者

第三百四禪定果尊者

第三百五不退法尊者

第三百六僧伽耶尊者

第三百七達摩眞尊者

第三百八持善法尊者

第三百九受勝果尊者

第三百十心勝脩尊者

第三百十一會法藏尊者

第三百十二常欣喜尊者

第三百十三威儀多尊者

第三百十四頭陀僧尊者

第三百十五議洗腸尊者

第三百十六德淨悟尊者

第三百十七無垢藏尊者

第三百十八降伏魔尊者

第三百十九阿僧伽尊者

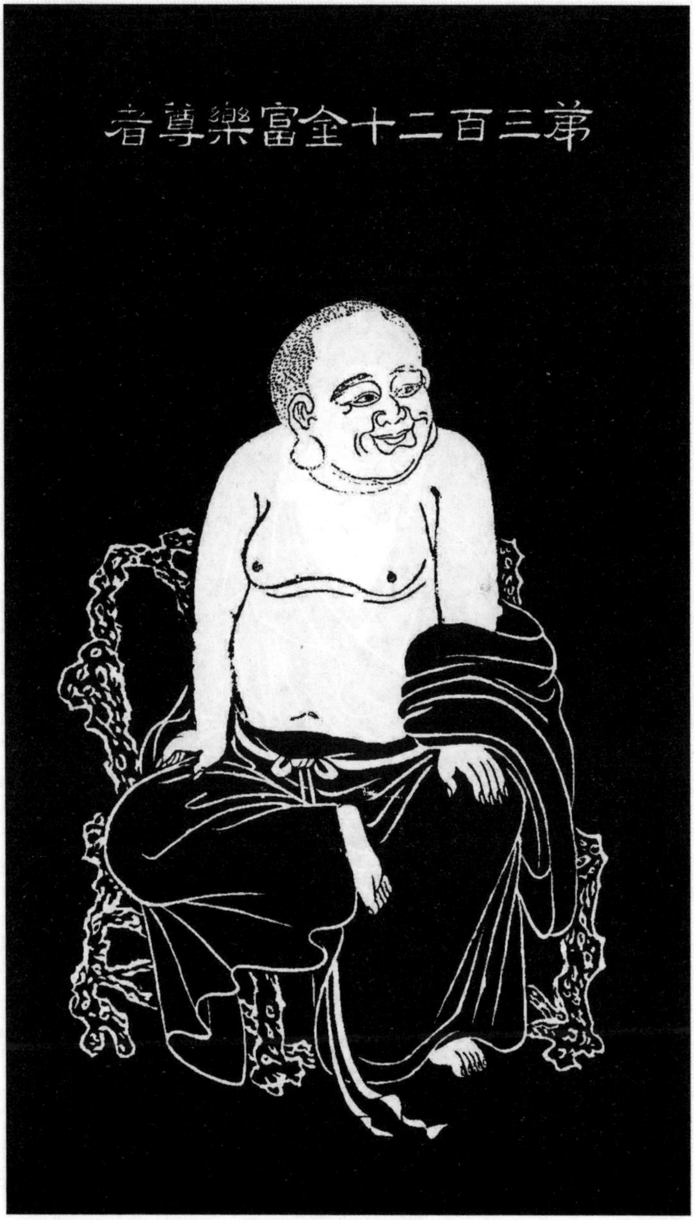
第三百二十金富樂尊者

第三百二十一頓悟尊者

第三百二十二周陀婆尊者

第三百二十三住壵間尊者

第三百二十四燈導首尊者

第三百二十五甘露法尊者

第三百二十六自在王尊者

第三百二十七須達那尊者

第三百二十八超法雨尊者

第三百二十九德妙法尊者

苐三百三十士應真尊者

第三百三十一堅固心尊者

第三百三十二殼響應尊者

第三百三十三應赴供尊者

第三百三十四塵劫空尊者

第三百三十五光明燈尊者

第三百三十六執寶炬尊者

第三百三十七功德相尊者

第三百三十八忍心生尊者

第三百三十九阿氏多尊者

第三百四十白香象尊者

第三百四十一識自生尊者

第三百四十二讚歎願尊者

第三百四十三定拂羅尊者

第三百四十四彀引衆尊者

第三百四十五離淨語尊者

第三百四十六鳩舍尊尊者

第三百四十七鬱多羅尊者

第三百四十八福業除尊者

第三百四十九羅餘習尊者

第三百五十大藥尊尊者

第三百五十一勝解空尊者

第三百五十二脩無德尊者

苐三百五十三喜無著尊者

第三百五十四月蓋尊尊者

第三百五十五栴檀羅尊者

第三百五十六心定論尊者

第三百五十七菴羅滿尊者

第三百五十八頂生尊尊者

第三百五十九薩和壇尊者

第三百六十宣福德尊者

第三百六十一須那刹尊者

第三百六十二憙見尊尊者

第三百六十三韋藍王尊者

第三百六十四提婆長尊者

第三百六十五成大利尊者

第三百六十六法首尊者

第三百六十七蘇頻陀尊者

第三百六十八衆德首尊者

第三百六十九金剛藏尊者

第三百七十瞿伽梨尊者

第三百七十一日照明尊者

第三百七十二無垢藏尊者

第三百七十三除疑網尊者

苐三百七十四無量明尊者

第三百七十五除衆憂尊者

苐三百七十六無垢德尊者

第三百七十七光明網尊者

第三百七十八善脩行尊者

第三百七十九聖清涼尊者

第三百八十無憂眼尊者

第三百八十一去蓋障尊者

第三百八十二自明尊尊者

第三百八十三和倫調尊者

第三百八十四淨除垢尊者

第三百八十五去諸業尊者

第三百八十六慈仁尊尊者

第三百八十七無盡慈尊者

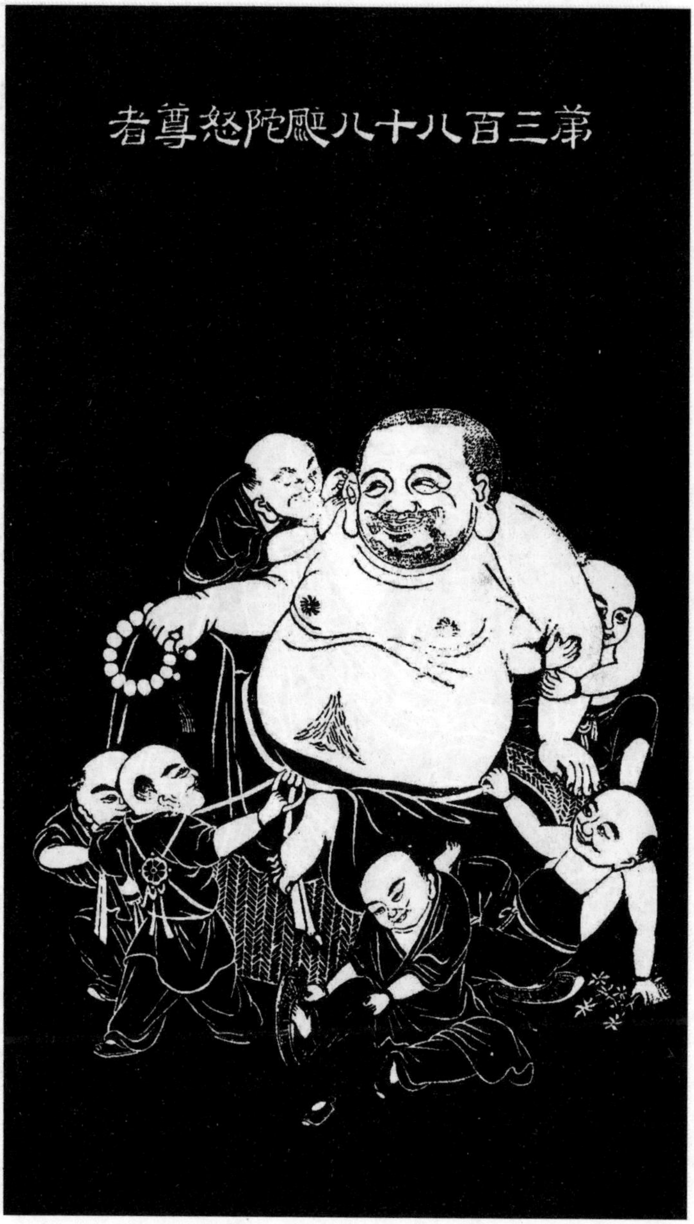
第三百八十八颰陀怒尊者

第三百八十九那羅達尊者

第三百九十行顛持尊者

苐三百九十一天眼尊尊者

第三百九十二無盡智尊者

第三百九十三徧具足尊者

第三百九十四寶蓋尊尊者

第三百九十五神通化尊者

第三百九十六思善識尊者

第三百九十七喜信靜尊者

第三百九十八摩訶南尊者

第三百九十九無量光尊者

第四百金光慧尊者

第四百一伏龍施尊者

第四百二幻光空尊者

第四百三金剛明尊者

第四百四蓮華淨尊者

第四百五拘那意尊者

第四百六賢普尊尊者

第四百七利亘羅尊者

第四百八調定藏尊者

第四百九無垢稱尊者

第四百十天音聲尊者

第四百十一大威光尊者

第四百十二自在主尊者

第四百十三明世界尊者

第四百十四最上尊尊者

第四百十五金剛尊尊者

第四百十六謁惕意尊者

第四百十七最無比尊者

第四百十八超絕倫尊者

第四百十九月菩提尊者

第四百二十持壶果尊者

第四百二十一定學巫尊者

第四百二十二無邊身尊者

第四百二十三最勝幢尊者

第四百二十四棄惡法尊者

第四百二十五無碍行尊者

第四百二十六普莊嚴尊者

第四百二十七無盡足尊者

第四百二十八常悲愍尊者

第四百二十九大塵障尊者

第四百三十光熠明尊者

第四百三十一智眼明尊者

第四百三十二堅固行尊者

第四百三十三澍雲雨尊者

第四百三十四不動羅尊者

第四百三十五普光明尊者

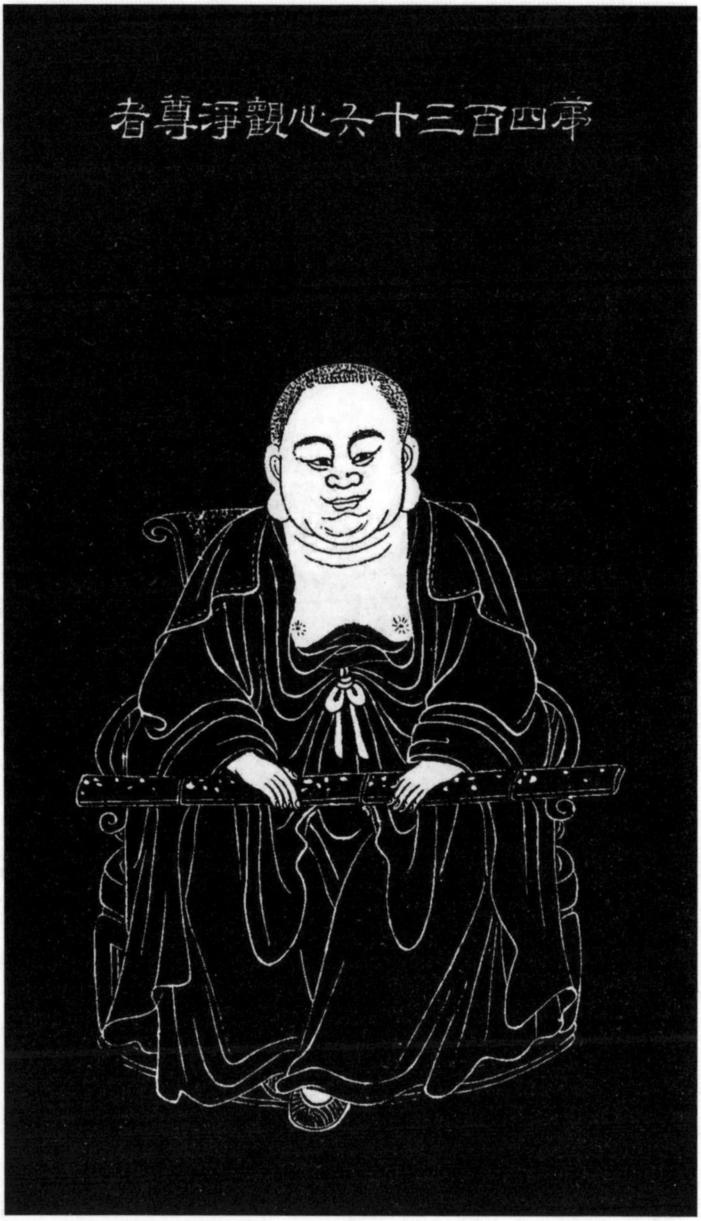
第四百三十六心觀淨尊者

第四百三十七那羅德尊者

第四百三十八師子尊尊者

第四百三十九法上尊尊者

第四百四十精進辨尊者

第四百四十一樂說果尊者

第四百四十二觀無邊尊者

第四百四十三師子翻尊者

第四百四十四破邪見尊者

第四百四十五無憂德尊者

第四百四十六行無邊尊者

第四百四十七慧金剛尊者

第四百四十八義味就尊者

第四百四十九善住義尊者

第四百五十信證尊尊者

第四百五十一行敬端尊者

第四百五十二德普洽尊者

第四百五十三師子作尊者

第四百五十四行忍慈尊者

第四百五十五無相空尊者

第四百五十六勇精進尊者

第四百五十七勝清淨尊者

第四百五十八有性空尊者

第四百五十九淨那羅尊者

第四百六十法自在尊者

第四百六十一師子頰尊者

第四百六十二大賢光尊者

第四百六十三婆訶羅尊者

第四百六十四音調敬尊者

第四百六十五師子臆尊者

第四百六十六壞魔軍尊者

第四百六十七分別身尊者

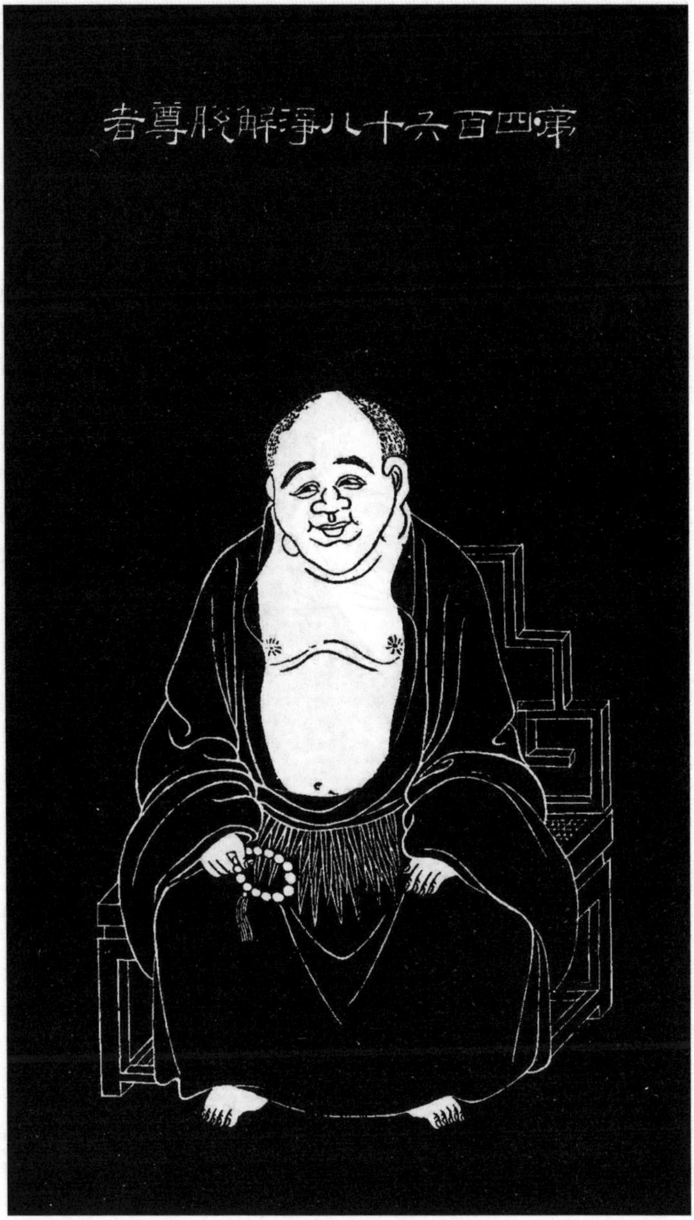
第四百六十八淨解脫尊者

第四百六十九質直行尊者

第四百七十智仁慈尊者

第四百七十一具足儀尊者

第四百七十二如意組尊者

第四百七十三大熾妙尊者

第四百七十四劫賓那尊者

第四百七十五普焰光尊者

第四百七十六高遠行尊者

第四百七十七得佛智尊者

第四百七十八家靜行尊者

第四百七十九悟真常尊者

第四百八十破竟賊尊者

第四百八十一滅恶趣尊者

第四百八十二性海通尊者

第四百八十三法通尊者

第四百八十四愍不息尊者

第四百八十五攝衆心尊者

第四百八十六導大衆尊者

第四百八十七常隱行尊者

第四百八十八菩薩慈尊者

第四百八十九拔衆苦尊者

第四百九十尊殼應尊者

第四百九十一數劫定尊者

第四百九十二注法水尊者

第四百九十三得定通尊者

第四百九十四慧廣增尊者

第四百九十五六根盡尊者

第四百九十六拔皮羅尊者

第四百九十七思薩埵尊者

第四百九十八注荼迦尊者

第四百九十九鉢利羅尊者

第五百顛事衆尊者

五百羅漢像贊

應真五百殊相堂堂少梵顯跡震旦流芳神通具足變化靡常圖模杖屨筆審陰陽朗同星列次比雁行有瘦而削有頎而長有白而皙有老而蒼

有示游戲有現端莊有麟其車有雲
其裳種種會意作作生芒非空非有
能隱能彰忽語忽默或存或亡諸漏
已盡三昧誰詳度人出世說法開場
天風浩浩海水茫茫龍降虎伏魚躍

鳥翔去来現在聲味色香半絲不挂
萬籟俱忘川含月印花茁蓮房成妙
勝果具智慧囊八部拱手三千寶裝
須彌是握芥子中藏遍灑甘露普設
慈航門傳不二壽紀無量除彼煩惱

任我徜徉億且可行一点何妨篆刻
工巧神彩飛揚金身丈六放大毫光
嘉慶戊午仲夏星沙劉權之撰并書

按佛書稱諾俱那與其徒八百衆至震旦國居天台者五百居鴈蕩者三百故舊傳懷安大中寺有八百羅漢像梁克家三山志載之宋時杭州淨慈寺初塑五百羅漢像而梵筴不得其名後於高念祖家得其祖工部郎道素所藏江陰軍乾明院五百羅漢名號石刻太尉曹勛記之而無其像至

本朝檢討朱彝尊書其後云盖天台五百人也越今歲久石亦漸泐瀾備守此邦凡諸古蹟務使長留且念我

朝列聖相承化從東起於中華西域之理一以貫之伏讀

太上皇帝御製
萬壽山五百羅漢堂記發光明藏證菩提心一切三千大千億兆
衆庶仰窺
天藻身歷化城無不踴躍歡喜謹重訂五百羅漢之名號并仿摹
淨慈之法像鳩工勒石冀垂久遠從茲貝多香泛石墨鐫華
俾信受皈依者瞻妙相之莊嚴感應真之度世於以頌
聖祝
釐歌萬年而登壽宇亦祇樹園一段盛事也工竣謹誌其緣起

嘉慶三年歲次戊午清和月常州府知府胡觀瀾敬跋

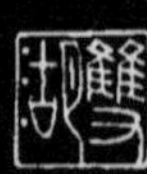

ISBN 978-7-5010-6377-2

定價：198.00圓（全二册）

奎文萃珍

石橋五百尊羅漢像

上册

［清］佚名 輯

文物出版社

圖書在版編目（CIP）數據

石橋五百尊羅漢像 / (清) 佚名輯. -- 北京：文物出版社, 2020.1
（奎文萃珍 / 鄧占平主編）
ISBN 978-7-5010-6377-2

Ⅰ. ①石… Ⅱ. ①佚… Ⅲ. ①羅漢－石刻－拓本－中國－清代 Ⅳ. ①K877.4

中國版本圖書館CIP數據核字(2019)第239605號

奎文萃珍
石橋五百尊羅漢像 〔清〕佚名 輯

主　　編：鄧占平
策　　劃：尚論聰　楊麗麗
責任編輯：李縉雲　李子裔
責任印製：張　麗

出版發行：文物出版社有限公司
社　　址：北京市東直門内北小街2號樓
郵　　編：100007
網　　址：http://www.wenwu.com
郵　　箱：web@wenwu.com
經　　銷：新華書店
印　　刷：藝堂印刷（天津）有限公司
開　　本：710mm × 1000mm　1/16
印　　張：32.5
版　　次：2020年1月第1版
印　　次：2020年1月第1次印刷
書　　號：ISBN 978-7-5010-6377-2
定　　價：198.00圓（全二册）

序言

《石橋五百尊羅漢像》拓於清嘉慶三年（一七九八）。該組石刻規模宏大，以綫刻形式將五百羅漢像摹勒上石，人物形象活靈活現，生動傳神。此《石橋五百尊羅漢像》拓本，傳拓精美，法度謹嚴，生動地再現了石橋五百尊羅漢像形神畢肖的形態。

五百羅漢在佛教典籍中多有記載，一般認爲有兩種説法：一是佛在世説，一是佛滅度説。佛在世説，即釋迦牟尼在世時度化衆多比丘，比較親近的約有五百位，此五百位羅漢追隨佛陀左右，聆聽佛陀教誨，稱爲五百羅漢，《增一阿含經》《十誦律》《法華經》等佛典均持此説。佛滅度説，認爲釋迦牟尼涅槃後，其嫡傳弟子們將佛陀在世時所講佛理集結爲《經》《律》，并編輯成《論》，參與這些工作的弟子便成爲羅漢。兩晋時期竺法護所譯《佛五百弟子自説本起經》便記載了佛滅度後，迦葉尊者與五百羅漢第一次集結。此後又有多次類似的集結活動，每次集結都由大弟子們召集五百位羅漢集法，五百羅漢之名遂由此生。

佛教典籍中所載五百羅漢，可以理解爲釋迦牟尼在世時的真傳弟子和涅槃後的佛家弟子。此『五百羅漢』當非指特定人群，而『五百』之數也應爲虚數，這也是不同地域五百羅漢造型及具體數量不同的重要原因。五百羅漢在中國的流傳肇始於東漢，兩晋有所發展。進入唐代，寺院壁畫常有『釋迦弟子』『十六羅漢』『傳法二十四弟子』『傳法六十羅漢』等有關羅漢題材。唐開元時期，著名匠人楊惠之在河南廣愛寺塑五百尊羅漢像，泥塑五百羅漢像由此爲發端。五代時期，五百羅漢像創作之風興起，此時期的長安畫家朱繇將五百羅漢入畫，促進了五百羅漢題材的傳播。宋代統治階層推崇佛法，雍熙元年（九八四）宋太宗於天臺壽昌寺敕造羅漢像五百十六身，爲五百羅漢在宋代的發展提供了良好的開端。此後，大中祥符元年（一〇〇八）河南輝縣白茅寺成五百羅漢像，宣和六年（一一二四）山東長清靈岩寺成五百羅漢像，而南宋杭州西湖净慈寺僧人道榮所塑五百羅漢像，因能够很好地表現每尊羅漢的獨特個性而成爲代表，并成爲後世寺院建造羅漢堂、塑造羅漢像的範本。到了清代，禪宗興盛，五百羅漢造像遍布全國，如浙江海寧安國寺羅漢堂、廣州華林寺羅漢堂、北京萬壽山羅漢堂、武漢歸元寺、河北承德羅漢堂、四川什邡羅漢寺羅漢堂、重慶羅漢寺羅漢堂、昆明笻竹寺等均塑有五百羅漢像，惜現多已不存。

五百羅漢在清代的發展與清初統治者大力宣導佛法不無關係。以乾隆皇帝爲例，他篤信佛教，爲慶賀其母后六十大壽，興建萬壽山大報恩寺及五百羅漢堂，并以虔誠恭敬之態度於乾隆二十一年（一七五六）親撰《萬壽山五百羅漢堂記》，凡四千一百一十七字，無一字有怠筆。統治階層的模範作用，帶動了各級官吏的向佛之心，《石橋五百尊羅漢像》的拓印便有此背景。胡觀瀾在像後刻跋中云：『伏讀太上皇帝御製《萬壽山五百羅漢堂記》，發光明藏，證菩提心，一切三千大千億兆庶衆，仰窺天藻，身歷化城，無不踴躍歡喜。謹重訂五百羅漢之名號，并仿摹净慈之法像，鳩工勒石，冀垂久遠。』由此可見，此石橋五百羅漢之拓印與乾隆皇帝興建萬壽山五百羅漢堂不無關係。胡觀瀾（一七三二—一八〇二），字露涵，號雙湖，安徽盧江人。清乾隆二十四年（一七五九）舉人，時任常州知府。

此《石橋五百尊羅漢像》拓本還附有清嘉慶三年（一七九八）劉權之撰并書《五百羅漢像贊》，對石橋五百羅漢像刻石有生動描述，贊云：『應真五百，殊相堂堂。少叢顯迹，震旦流芳。神通具足，變化靡常。圖摹杖履，筆審陰陽。朗同星列，次比雁行。有瘦而削，有頎而長。有白而皙，有老而蒼。有示游戲，有現端莊。有麟其車，有雲其裳。種種會意，作作生芒。』其對刻工亦不乏褒獎，云『篆刻工巧，神采飛揚』，可謂的論。

宋凱

二〇一九年八月

石橋五百尊羅漢像

第一阿若憍陳如尊者

第二阿泥樓尊者

第三有取無垢尊者

第四須跋陀羅尊者

第五迦留陀夷尊者

第六聞聲得果尊者

第七栴檀藏王尊者

第八施幢無垢尊者

第九憍梵般提尊者

第十四陀得惠尊者

第十一迦那行那尊者

第十二婆蘇槃豆尊者

第十三法界四樂尊者

第十四優樓頻螺尊者

第十五佛陀密多尊者

第十六那提迦葉尊者

第十七那延羅目尊者

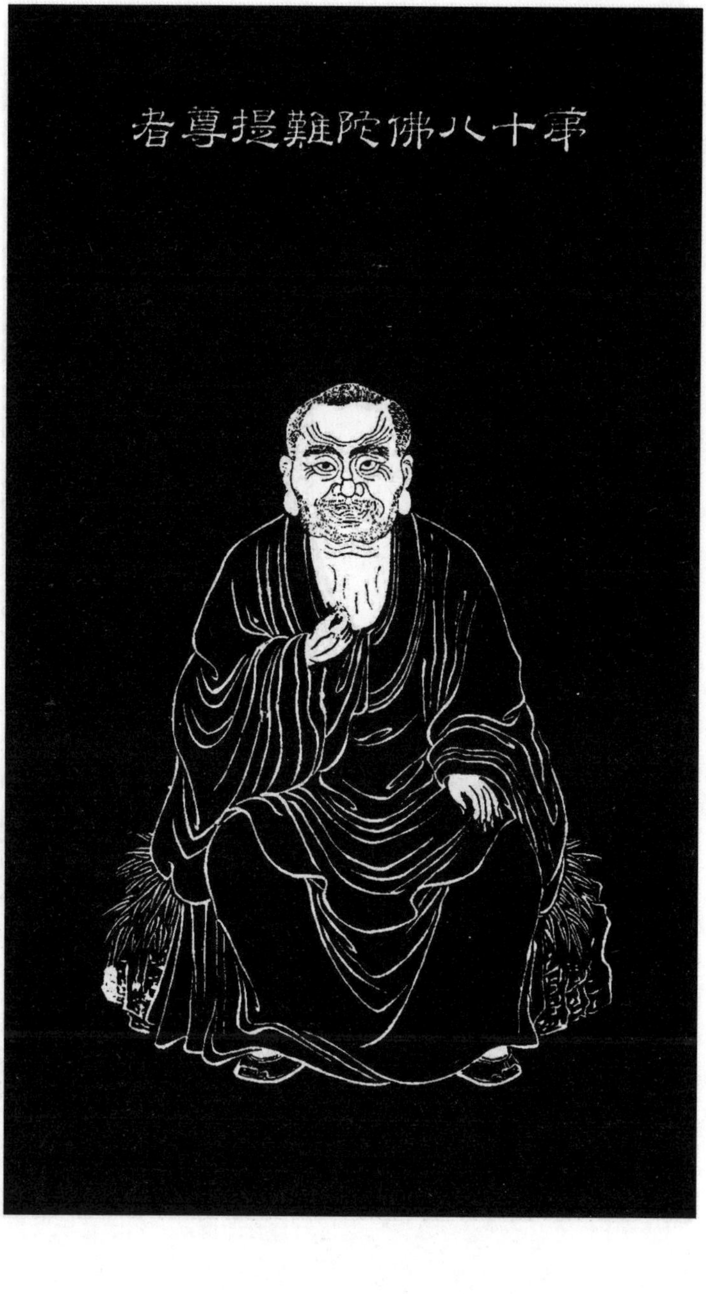
第十八佛陀難提尊者

第十九末田底迦尊者

第二十難陀多化尊者

第二十一優波鞠多尊者

第二十二僧迦耶舍尊者

第二十三敎說常住尊者

第二十四商那和修尊者

第二十五達摩波羅尊者

第二十六迦耶伽葉尊者

第二十七定果德業尊者

第二十八莊嚴無憂尊者

第二十九憧持因緣尊者

第三十迦那提婆尊者

第三十一破耶神通尊者

第三十二堅持三字尊者

第三十三阿覓樓馱尊者

第三十四鳩摩羅多尊者

第三十五毒龍皈依尊者

第三十六周殻稽首尊者

第三十七毘羅胝子尊者

第三十八代蘇密多尊者

第三十九闍提首那尊者

第四十僧法耶舍尊者

第四十一悲容荳間尊者

第四十二獻菩提記尊者

第四十三眼光定力尊者

第四十四伽耶舍那尊者

第四十五莎底苾蒭尊者

第四十六波闍提婆尊者

第四十七解空無垢尊者

第四十八伏陀密多尊者

第四十九富那夜舍尊者

第五十伽耶天眼尊者

第五十一不著世間尊者

第五十二解空第一尊者

第五十三羅度無盡尊者

第五十四金剛破魔尊者

第五十五顛護並間尊者

第五十六無憂禪定尊者

第五十七無佗慧善尊者

第五十八拾劫慧善尊者

第五十九旃檀德香尊者

第六十金山覺意尊者

第六十一無業宿盡尊者

第六十二摩訶剎利尊者

第六十三無量本行尊者

第六十四一念解空尊者

第六十五觀耳無常尊者

第六十六劫悲顛尊者

第六十七瞿羅那含尊者

第六十八解空定空尊者

第六十九成就因緣尊者

第七十堅通精進尊者

第七十一薩陀波崙尊者

第七十二乾陁訶利尊者

第七十三解空自在尊者

第七十四摩訶注那尊者

第七十五見人飛騰尊者

第七十六不空不有尊者

第七十七周利槃持尊者

第七十八瞿沙比丘尊者

第七十九獅子比丘尊者

第八十脩行不著尊者

第八十一畢陵伽蹉尊者

第八十二摩利不動尊者

第八十三三昧甘露尊者

第八十四解空無名尊者

第八十五七佛難提尊者

第八十六金剛精進尊者

第八十七方便法藏尊者

第八十八觀行月輪尊者

第八十九阿那邠提尊者

第九十拂塵三昧尊者

第九十一摩訶俱絺尊者

第九十二辟支轉智尊者

第九十三山頂龍衆尊者

第九十四羅經思惟尊者

第九十五刮實覺藏尊者

第九十六神通億具尊者

第九十七具壽俱提尊者

第九十八法王菩提尊者

第九十九法藏永劫尊者

第一百善注尊者

苐一百一除憂尊者

第一百二大忍尊者

第一百三無憂自在尊者

第一百四妙懼尊者

第一百五嚴土尊者

第一百六金髻尊者

第一百七雷德尊者

第一百八雷音尊者

第一百九香家尊者

第一百十馬頭尊者

第一百十一明首尊者

第一百二十金首尊者

第一百十三敬首尊者

第一百十四眾首尊者

第一百十五排德尊者

第一百十六羼提尊者

第一百十七悟達尊者

第一百十八法燈尊者

第一百十九離垢尊者

第一百二十境界尊者

第一百二十一馬勝尊者

第一百二十二天王尊者

第一百二十三無勝尊者

第一百二十四自淨尊者

第一百二十五不動尊者

第一百二十六休息尊者

第一百二十七諸達尊者

第一百二十八普光尊者

第一百二十九智積尊者

第一百三十寶幢尊者

第一百三十一善慧尊者

第一百三十二善眼尊者

第一百三十三勇寶尊者

第一百三十四寶見尊者

第一百三十五慧積尊者

第一百三十六慧持尊者

第一百三十七寶勝尊者

第一百三十八道仙尊者

第一百三十九帝經尊者

第一百四十明經尊者

第一百四十一寶光尊者

第一百四十二善調尊者

第一百四十三奮迅尊者

第一百四十四修道尊者

第一百四十五大相尊者

第一百四十六善住尊者

第一百四十七持盂尊者

第一百四十八光英尊者

第一百四十九權教尊者

第一百五十善思尊者

第一百五十一法眼尊者

第一百五十二梵勝尊者

第一百五十三光曜尊者

第一百五十四直意尊者

第一百五十五摩帝尊者

第一百五十六慧寬尊者

第一百五十七無勝尊者

第一百五十八曇摩尊者

第一百五十九歡喜尊者

第一百六十遊戲尊者

第一百六十一道竝尊者

第一百六十二明眼尊者

第一百六十三普等尊者

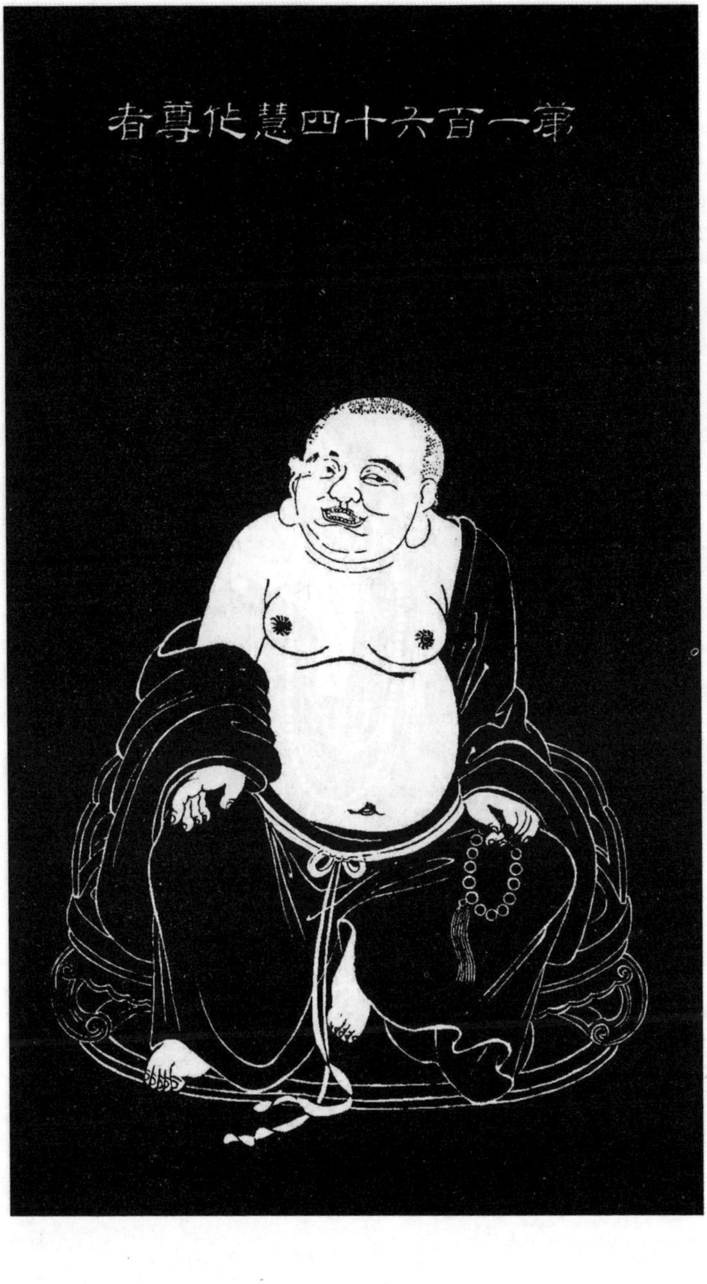
第一百六十四慧化尊者

第一百六十五助歡尊者

第一百六十六難勝尊者

第一百六十七善德尊者

第一百六十八寶涯尊者

第一百六十九觀身尊者

第一百七十誉王尊者

第一百七十一德首尊者

第一百七十二壹見尊者

第一百七十三善宿尊者

第一百七十四善意尊者

第一百七十五羲光尊者

第一百七十六學光尊者

第一百七十七善見尊者

第一百七十八善根尊者

第一百七十九德頂尊者

第一百八十妙臂尊者

第一百八十一龍猛尊者

第一百八十二弗沙尊者

第一百八十三德光尊者

第一百八十四散結尊者

第一百八十五淨正尊者

第一百八十六善觀尊者

第一百八十七大力尊者

第一百八十八電光尊者

第一百八十九宵仗尊者

第一百九十善星尊者

第一百九十一羅旬尊者

第一百九十二慈地尊者

第一百九十三復安尊者

第一百九十四莚友尊者

第一百九十五满宿尊者

第一百九十六闍陀尊者

第一百九十七月淨尊者

第一百九十八大天尊者

第一百九十九淨藏尊者

第二百淨眼尊者

第二百一波羅密尊者

第二百二俱那舍尊者

第二百三三昧聲尊者

第二百四菩薩散尊者

第二百五吉祥咒尊者

第二百六鉢多羅尊者

第二百七無邊身尊者

第二百八賢封普尊者

第二百九金剛味尊者

第二百十藥味尊者

第二百十一婆私吒尊者

第二百二十心平等尊者

第二百三十不可比尊者

第二百四十樂覆藏尊者

第二百十五火熖身尊者

第二百十六頌羅墮尊者

第二百十七斷煩惱尊者

第二百十八薄俱羅尊者

第二百十九利婆多尊者

第二百二十護妙法尊者

第二百二十一最勝意尊者

第二百二十二須彌燈尊者

第二百二十三没特伽尊者

第二百二十四彌沙塞尊者

第二百二十五善圓滿尊者

第二百二十六波頭摩尊者

第二百二十七智慧燈尊者

第二百二十八栴檀藏尊者

第二百二十九迦難畱尊者

第二百三十香熘幢尊者

第二百三十一阿濕毘尊者

第二百三十二摩丘寶尊者

第二百三十三福德普尊者

第二百三十四利婆彌尊者

第二百三十五舍遮獨尊者

第二百三十六斷業尊者

第二百三十七派慧智尊者

第二百三十八乾陀羅尊者

第二百三十九莎伽陀尊者

第二百四十須彌望尊者

第二百四十一持善法尊者

第二百四十二提多迦尊者

第二百四十三水潮殼尊者

第二百四十四智慧滴尊者

第二百四十五衆具德尊者

第二百四十六不思議尊者

第二百四十七彌遮仙尊者

第二百四十八尼馱伽尊者

第二百四十九首正念尊者